Photo Kids Book

My baby's growth book from
the first birthday to 4 years old with photos.

사진으로 꾸미는 우리아이 성장북, 포토 키즈북

Photo Kids Book   My baby's growth book from the first birthday to 4 years old with photos.

사랑하는 우리 아기 _____ 에게
엄마 아빠가 너의 성장을 응원하고 기뻐하며…….

네가 혼자 할 수 있는 모든 것에
힘찬 응원을 보낼게!

두 살이 되었어요! 01
엄마, 이젠 혼자서도 할 수 있어요. 12~23개월

우리 가족에게 찾아와준
첫사랑, 첫 희망, 첫 기쁨.

_____의 첫 번째 생일파티!

우리 가족에게 찾아와준 첫사랑, 첫 희망, 첫 기쁨. 우리 아가의 첫 생일.
소중한 가족들, 좋은 사람들, 평생 함께할 고마운 사람들과 함께여서 사랑스러웠어요. 따뜻했어요.
행복했고요. 기뻤어요. 웃음 가득했어요. 축복과 사랑 가득한 너의 첫 번째 생일을 우리 모두 축하해!

• When: • Where:

(Photo at the First Birthday Party.)

우리 아가는 두 발로 걷는 지·구·별·여·행·자

아장아장 아슬아슬 우리 아기 걸음마

한 걸음 한 걸음, 그 작은 보폭을 바라보며 감탄하고 응원하는 엄마와 아빠.
우리 아가가 어느새 두 발로 걷는 지구별 여행자가 되었구나.

• When :   • Where :

(Photo of my baby toddling.)

네가 혼자 할 수 있는 모든 것에

응원을 보낼게.

이제 우유도 혼자 먹을 수 있어요

네가 혼자 할 수 있는 일들이 하나씩 늘어가는 것을 지켜보는 엄마의 마음속엔
늘 정성스런 응원과 힘찬 격려가 있단다.

• When:　　　　　　　　• Where:

(Photo of my baby having a milk by himself/herself.)

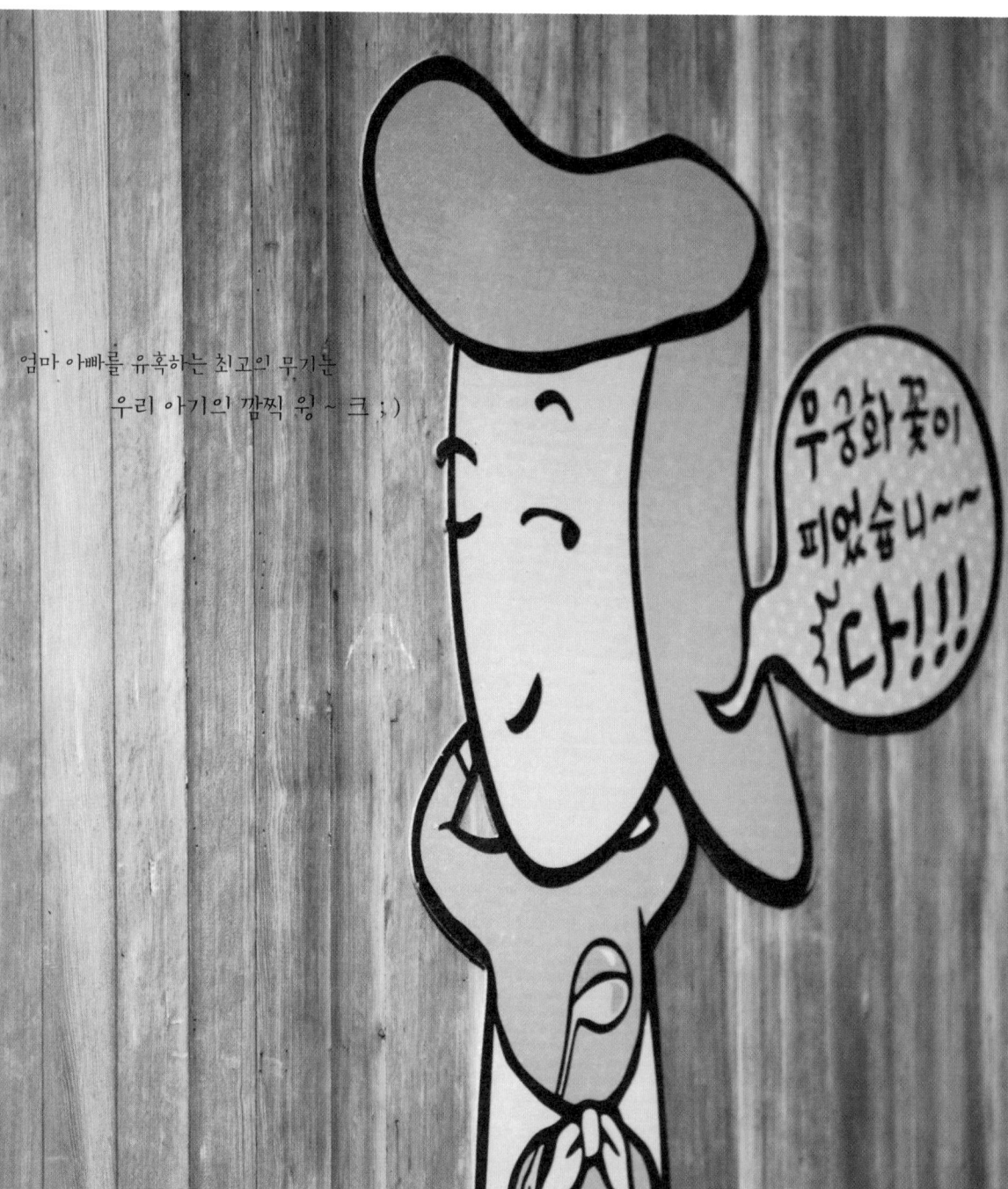

찡긋찡긋 윙크~

네 웃음이, 네 표정이 그리고 우리 아가의 모든 것이 엄마 아빠에게는
세상 그 무엇과도 바꿀 수 없는 의미가 되어준단다.

• When : • Where :

(Photo of my baby giving a wink.)

치카치카~
진주보다 빛나는 너의 새하얀 이~

치카치카 이를 닦아요

지금은 엄마가 챙겨주어야 할 작지만 중요한 생활습관- 이것은 너에게 엄마가 만들어주어야 할 꼭 필요한 생활습관-
모든 게 다 너를 위해서라는 말, 이 말을 믿어줄래? 지금은 귀찮겠지만 말이야!

• When :

(Photo of my baby brushing his/her teeth.)

• Where :

방바닥부터 벽까지 모든 것이
우리 아가의 스/케/치/북/

창의력 대장 _____ 의 낙서 놀이

방바닥부터 벽까지 모든 것이 우리 아가의 스케치북- 괜찮아. 지워지지 않는 자국이라 해도 괜찮아-
영원히 남겨지면 어때. 우리 아가의 훌륭한 첫 작품인걸!
배움이 놀이고, 놀이가 배움이 되는 너의 창의력 시간을 위해 엄마는 하늘만큼 커다란 종이를 구해 오고 싶은 마음이야.

• When: • Where:

(Photo of my baby doodling.)

냠냠 쩝쩝~   오물오물~
엄마에겐 세상에서 가장 행복한 소리.

_____ 가 요즘 제일 좋아하는 음식이에요

일류 주방장이 너에게 해줄 수 있는 맛있는 음식에도 단 하나 넣을 수 없는 것이 있어.
그것은 바로 정성. 그것은 엄마만이 만들 수 있는 것이거든.
그 정성을 먹고 무럭무럭 자라는 너를 바라보는 일이 엄마는 참 기뻐.

• When :   • Where :

(The favorite food photo of my baby.)

"우리 아기의 베스트 프랜드"

_____ 가 요즘 제일 좋아하는 장난감이에요

좋아하는 것이 생겼어요. 손에서 놓지 않으려는 것이 생겼어요. 눈에 보이지 않으면 찾는 것이 생겼어요.
없으면 눈물이 글썽글썽. 함께 있을 땐 눈이 반짝반짝 빛나는 장난감이 생겼어요.

- When:
- Where:

(The favorite toy photo of my baby.)

세상을 배우려는 우리 아기의 표현들.

좋은 것만 / 행복한 것만 배우고 느꼈으면 해.

똑같이 똑같이 따라 해요. 이렇게~

엄마가 물만 마셔도, 아빠가 하품만 해도 똑같이 따라 하네.
TV 주인공이 넘어지면 넘어지는 대로, 똑같이 따라 하는 흉내 내기 달인! 이제 엄마 아빠도 우리 아기를 위해 조심조심 행동할게.

• When: • Where:

(Photo of my baby imitating celebrity.)

콩·콩·콩!
뛰어다니는 너의 두 다리에 날개를 달아주고 싶은
엄마의 마음.

이젠 달리기 선수가 되었어요

너를 품에 안고 지구를 평생 달려도 엄마는 힘들지 않을 거야.
너의 예쁘고 힘찬 발걸음과 뜀박질을 보며 엄마도 더욱 힘을 낼게!

- When :
(Photo of my baby running.)

- Where :

너와 함께하는 시간만큼은
아빠 근육도 불끈!

아빠랑 함께 즐거운 신체놀이

아빠의 눈은 우리 아가를 담기 위해 깊어지고 있지. 아빠의 귀는 우리 아가의 마음을 들으려고 쫑긋 세우고 있지.
아빠의 품은 우리 아가의 꿈을 담아주려 넓어지고 있지. 아빠의 두 발은 우리 아가의 미래를 함께 걷기 위해 튼튼해지고 있지.

• When: • Where:

(Photo of playing with dad.)

조마조마하게 해도 괜찮아.
다만, 다치지 않아야 해.

꾸러기 꾸러기 말썽꾸러기!!!

백 번 말썽을 부려도 괜찮아. 천 번 말썽을 부려도 괜찮아.
생각지도 못할 말썽으로 엄마와 아빠의 심장을 콩알만 하게 해도, 조마조마하게 해도 괜찮아.
다만 다치지 않아야 해. 다만 건강하게 자라주어야 해.

• When :

• Where :

(Photo of my little troublemaker.)

우리 아기 보물 1호,
　　우리 아기의 첫 번째 마음.

_____ 가 가장 소중하게 생각하는 물건이에요

우리 아가가 좋아하는 첫 번째 마음일까?
눈에 보이지 않으면 찾고, 찾으면 기뻐 웃는 그 마음이 좋아하는 마음이란 걸 우리 아가는 알까?
그것이 소중히 여기는 마음이란 걸 알까? 앞으로 그런 마음이 가득한 사람으로 성장했으면 좋겠어.

• When :   • Where :

(The most valued item photo considering by my baby.)

my baby's
Fashion Show

• 기억하고 싶은 우리 아이의 사진을 자유롭게 붙여주세요. (Put a photo of your baby which you'd like to remember.)

파르르 부서지는 말간 햇살 아래로
까르르 부서지는 너의 웃음소리.

세 살이 되었어요! 02
재롱둥이, 개구쟁이, 심술꾸러기, 꼬마천사. 24~36개월

너로 인해 다시 태어난 엄마와 아빠의 마음에도
<u>촛불 두 개</u>가 켜진 날이야.

_____의 두 번째 생일파티!

어느새 생일케이크에 촛불 두 개를 밝히는 시간이 되었어.
한 해가 또 더해지니 그만큼 더 사랑이 더해진 소중함~ 너로 인해 다시 태어난 엄마와 아빠의 마음에도 촛불 두 개가 켜진 날이야.

- When :
- Where :

(Photo at the Second Birthday Party.)

동글동글 공을 따라가는 너의 뒤로
행복도 동글동글 따라가는 시간.

공놀이 재미있어요

둥글둥글 굴러가는 공을 한번 차고 그 공 따라 콩콩콩 뛰어가는 너의 뒤를 따라 따뜻한 햇살도 따라가고,
파란 바람도 따라가고, 행복도 동글동글 따라가는 시간.

- When :
- Where :

(Photo of my baby playing with a ball.)

엄마에게 매일매일 도움을 주어서,
넘치는 도움 덕에 엄마의 일이 때론 두 배가 되기도 하지만-

고·마·워

엄마 내가 도와줄게요

고마워. 덕분에 엄마는 매일 선물 같은 도움을 받으며 하루하루를 살고 있는 것만 같아.
고마워. 엄마에게 매일매일 도움을 주어서. 넘치는 도움 덕에 엄마의 일이 때론 두 배가 되기도 하지만-
너와 보내는 시간이 또한 두 배니까 괜찮아!

• When: • Where:

(Photo of my baby helping mom.)

엄마가 없으면 아무것도 못할 줄 알았는데.
이젠 그 마음이 그리워질 날이 오겠지.

이제 혼자서 세수하고 손도 씻어요

혼자 할 거예요- 라며 엄마가 해주는 것을 싫어하는 모습을 보면 엄마의 마음은 10년 후 너의 모습이 그려진단다. 아직은 엄마의 도움이 필요한 때이지만 그래도 혼자 힘으로 해보겠다는 우리 아가에게 기회를 주는 것도 엄마의 몫이겠지?

- When :
- Where :

(Photo of my baby washing his/her face and hands by himself/herself.)

바람을 가르는 우리의 라이더
<u>너의 첫 주행을 기념하며 찰칵!</u>

자전거 잘 타지요?

바람과 경주를 하는 걸까? 예쁜 앞머리가 바람결에 흩날리며 자전거를 타고 있는 너를 바라보면서
'넘어지면 어쩌나'라는 걱정보다는, '언제 저리 컸을까?'라는 마음이 먼저 든단다.

• When :   • Where :

(Photo of my baby riding a bicycle.)

붕붕차가 출발하면 우리 가족 즐거움도 함께 출발!
너와 함께 가는 길은 어디라도 천국 같아!

엄마 손을 꼭 잡으렴.
네가 바라보는 곳이라면 어디라도 데려다 줄게.

엄마 아빠와 드라이브 가요

대통령이 타도 이렇게 조심조심 운전하진 않을 거야.
너를 위해 마련한 카시트. "아이가 타고 있어요."라고 뒤의 차에게 건네는 메시지…….
세상에서 가장 귀한 사람을 태우는 아빠의 어깨에 힘이 가장 많이 들어간 날이었어.

• When:　　　　　　　　　• Where:

(Photo of going driving with mom, dad and my baby.)

즐거운 추억 속에는 언제나 친구가 있지.
웃는 모습마저 닮아가는 너의 베스트 프렌드

_____의 베스트 프렌드

네가 힘이 되어주어야 할 사람. 너에게 힘이 되어줄 사람. 네가 사랑해야 할 사람.
너를 사랑할 사람. 네가 마음을 믿어주어야 할 사람. 너의 마음을 믿어줄 사람. 그것이 친구란다.

• When :   • Where :

(My baby's best friend photo.)

파르르 부서지는 말간 햇살 아래로
까르르 부서지는 너의 웃음소리…….

놀이터에서 미끄럼을 타요

위에서 아래로 미끄러져 내려가는 동안 바람 속을 지나고, 햇살 속을 지나요.
그런 아이의 얼굴을 바라보는 것만으로 엄마 아빠도 놀이터에서 즐겁게 놀고 있는 것 같지요.

• When : • Where :

(Photo of my baby falling from a slide in the playground.)

우리 아이가 세상에서
제일 예뻐 보이는 엄마 눈에는

평생 벗겨지지 않는 두툼한 콩깍지가 씌어 있나 봐.

제 헤어스타일 어때요?

아빠를 만났을 때보다 더 크고 두꺼운 콩깍지를 갖고 있는 엄마가 보기엔 그 어떤 모습을 하고 있어도 네가 세상에서 제일 멋져 보여! 제일 예뻐 보여! 아마도 평생 그럴 거야. 어떤 모습이든 네가 최고일 거야.

• When: • Where:

(My baby's hair style photo.)

우리 가족이 함께한 시간만으로도
충분히 행복했고,
　　　　충분히 멋진 날이었어.

엄마 아빠와 함께한 럭셔리 외출, 오늘은 우리 가족 외식날!

집이 아닌 다른 곳에서 저녁을 우아하게 먹는다는 생각은 당분간 보류지만,
그래도 우아한 시간이 아닌 '우리 가족이 모두 함께'라는 행복한 저녁 시간을 보내기로 했어.
우아하지 않아도 괜찮아~

• When :   • Where :

(Photo taken when family ate out.)

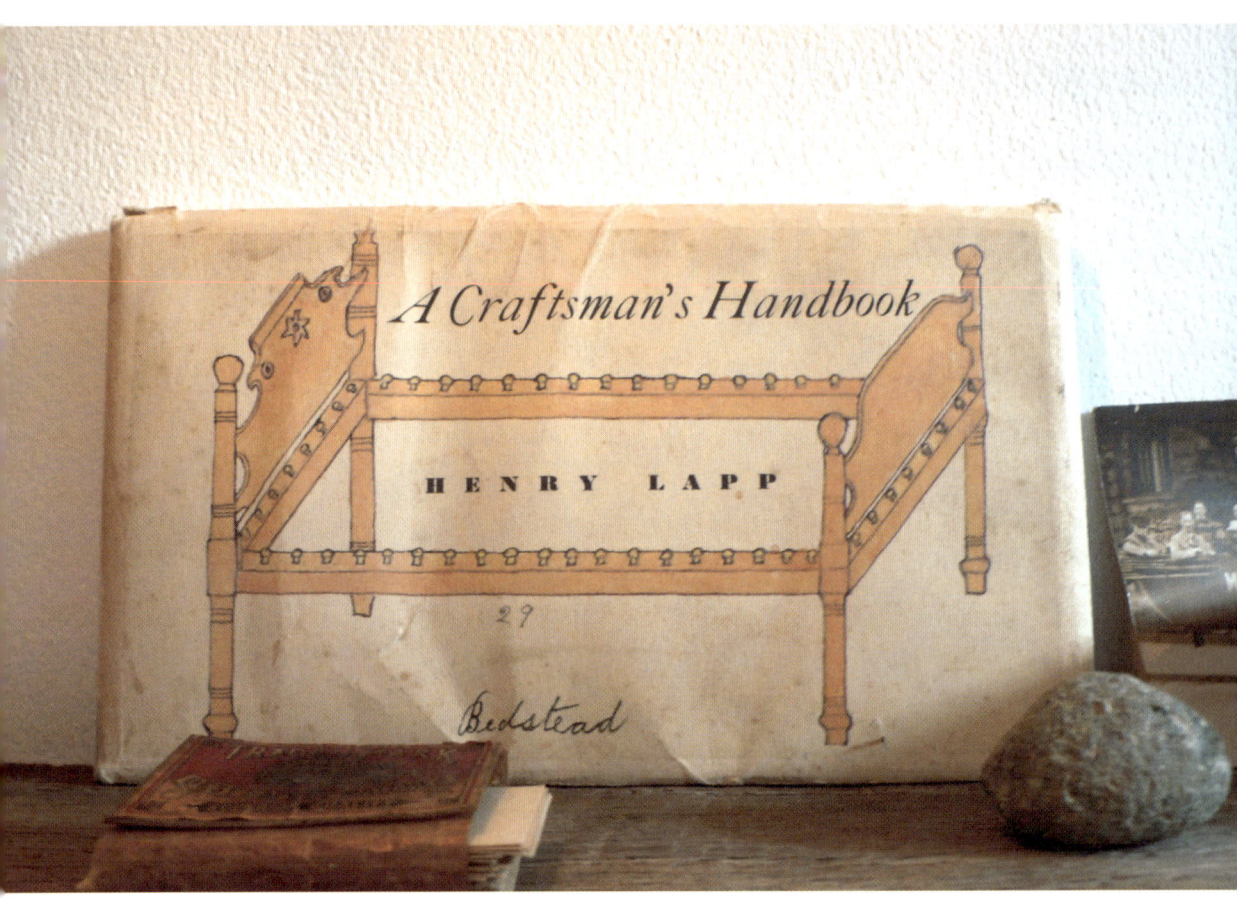

단꿈을 꾸며 잠든 너의 표정을 보면서,
엄마 아빠도 행복한 꿈을 꾼단다.

# 잠자는 모습이 제일 사랑스러워요

세상에 없었던 감동은 어디서 흘러나오나요. 세상에 없었던 힘은 어디서 솟아나나요. 이 작은 아이가 없었던 세상에 내가 어떻게 살았나요. 어떻게 행복하다 말했나요. 이렇듯 단꿈 꾸며 잠든 너의 표정을 보면서 엄마 아빠도 꿈을 꾼단다.

• When: • Where:

(Photo of my baby sleeping.)

my baby's Fashion Show

• 기억하고 싶은 우리 아이의 사진을 자유롭게 붙여주세요. (Put a photo of your baby which you'd like to remember.)

너의 새로운 시작을 준비해주는 엄마의 마음.
잘할 거야. 엄마는 너를 믿어.
그 마음으로 너의 새로운 시작을 축하해!

네 살이 되었어요! 03
너의 새로운 시작을 축하해. 37~48개월

세 번째 감동,
세 번째 기쁨,
세 번째 축복,

매년 이날을 기념하는 이유란다.

＿＿＿＿＿ 의 세 번째 생일파티!

우리 아가에게서 이렇게 많은 것을 받아도 되는 걸까?
이 조그만 아이는 이 많은 행복과 기쁨을 어디에 숨기고 어디에 감추고 어디에 넣고 있는 걸까?
우리에게 선물하는 이 많은 즐거움과 기쁨과 행복을 엄마 아빠는 어떻게 다시 너에게 더 크고 맑고 깊게 선물해줄 수 있을까?
지금의 이 해맑음과 예쁨과 축복을 어떻게 지켜주어야 할까? 어떻게 평생 간직하게 해줄까……? 늘 생각하고 생각해.

• When: • Where:

(Photo at the Third Birthday Party.)

잘·할·거·야

엄마는 너를 믿어.
그 믿음으로 너의 새로운 시작을 축하해!

_____ 가 _____ 에 입학했어요

새로운 생활을 준비해주는 엄마의 마음은 편하지만은 않았어. 하지만 이제 새로운 친구들과도 어울리고, 엄마가 채워줄 수 없는 새로운 세상을 보여주기 위한 선택이란다. 잘할 거야. 엄마는 너를 믿어. 그 믿음으로 너의 새로운 시작을 축하해!

- When:
- Where:

(Photo taken at my baby's kindergarten entrance ceremony.)

엄마의 설렘이 가득 담긴 도시락을 들고 잘 다녀오렴.
노래 같은 추억을 가득 안고 돌아오렴.

학급 친구들과 소풍 가요

너를 위한 첫 김밥 싸기.
엄마의 설렘 가득 들어간 도시락을 들고 소풍 떠날 너를 생각하니 엄마는 이미 소풍을 다녀온 기분이야. 잘 다녀오렴. 노래 같은 추억을 가득 안고 돌아오렴.

- When :
- Where :

(Photo of my baby going on a picnic with friends.)

너의 소중한 마음이 가득 담긴 이 그림은
엄마가 소중하게 간직해줄게.

그림 그리기가 재미있어요. 내 작품 어때요?

네가 그린 그림을 엄마는 소중히 간직해둘게. 그저 마음 가는 대로 그리고 색칠했을 이 한 장의 그림은 네 맑은 마음이 가득 담긴 그림일 테니……. 엄마가 먼 훗날 꺼내어 너에게 다시 보여주기 위해 잘 간직해두려고 해.

• When : • Where :

(Picture drawn by my baby or photo of picture.)

너에게서 소리가 들려.
파란 하늘의 소리가…….
푸르른 소리가…….
밝고 눈부신 마음속 소리가 우리에게 들려.

악기 연주도 일품이지요?

너에게서 소리가 들려. 파란 하늘의 소리가……. 푸르른 소리가…….
밝고 눈부신 마음속 소리가 우리에게 들려.

• When: • Where:

(Photo of my baby playing a musical instrument.)

혼자 몰래 꺼내 보고 싶은 소중한 보물처럼
너란 보물을 바라보는 엄마 아빠의 마음도 그렇단다.

_____의 보물함 (몰래 한 컷)

반짝이는 마음을 가진 너라는 보물이, 보물이라 생각하는 것들.
소중하다 생각하는 마음으로 한곳에 모아놓은 것들을 엄마랑 아빠는 못 본 척해줄게.
너만 알아야 그 보물들이 더 빛나는 법이거든. 자랑하고, 알리려 하면 어느덧 그 보물은 소중함이 사라져버려.
너란 보물을 바라보는 엄마랑 아빠의 마음도 그렇단다.

• When:

• Where:

(Photo of my baby's treasure box.)

<u>빗방울과 장난을 쳐요.</u>

아스팔트 위에 고인 물도, 우산에 맺힌 빗방울도
어떤 좋은 놀이공원보다
재미있는 놀이를 선사해주네요.

장화 신고, 우산 쓰고 참방~ 참방~

엄마랑 아빠가 만들어줄 수도, 사줄 수도 없는 것이 있으니 그것은 날씨. 비가 오면 신으려고 오래전부터 준비해둔 장화를 바라만 보던 네가 오늘은 드디어 빗속으로 뛰어들어갔어. 오늘 내린 비는 네 기다림에 대한 하늘의 선물이란다.

• When :   • Where :

(Photo of my baby wearing rain boots with an umbrella.)

우리 아가가 들려주는 노랫소리가
이렇게 아름다운지,
이렇게 행복한 건지,
이렇게 사랑스러운 건지,

엄마가 되기 전에는 정말 몰랐단다.

노래하고 춤추고 가수 같지요?

노래가 끝나면 박수치며 너의 노래를 듣던 우리에게 박수를 유도하는 우리 아가-
무슨 노래인지 세상 사람들은 모르지만 엄마가 듣기엔 세상에서 가장 훌륭한 노래인걸!
그런 너를 더 사랑할 방법이 없을까, 더 귀 기울여 들을 수 없을까 엄마는 늘 연구해. 이런 엄마에게도 박수를 쳐줄래?

• When: • Where:

(Photo of my baby singing and dancing.)

인생이여 고마워요.
우리가 운명이어서 감사해요.

<u>엄마가 되길</u> 참 잘했어요.
<u>아빠가 되길</u> 참 잘했어요.

_____에게 처음 받은 카네이션과
삐뚤삐뚤 글씨로 채워진 편지.

인생이여 고마워요. 우리가 운명이어서 감사해요.
엄마가 되길 참 잘했어요. 아빠가 되길 참 잘했어요.

• When :   • Where :

(Photo of first carnation and letter received from my baby.)

반짝이는 너의 눈빛과 해맑은 수줍음,
귀엽고 사랑스러움으로 가득 찬 추억을 선사해줘서
정·말·고·마·워

_____의 첫 재롱잔치

엄마는 세상에서 이처럼 멋진 무대는 본 적이 없어. 그리고 앞으로도 볼 수 없을 거야.
서투름이 가득한 무대였지만 서툴기에 더 반짝였어. 열심히 최선을 다하던 너의 눈빛과 해맑은 수줍음.
귀엽고 사랑스러움으로 가득 찬 무대였단다. 고맙다, 우리 아기. 엄마 아빠에게 최고의 시간과 추억을 선사해줘서.

• When :   • Where :

(Photo of my baby at first school arts festival.)

_____ 의 첫 재롱잔치

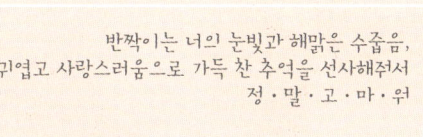
반짝이는 너의 눈빛과 해맑은 수줍음,
귀엽고 사랑스러움으로 가득 찬 추억을 선사해줘서
정·말·고·마·워

• 아이의 재롱잔치 사진으로 꾸며보세요. (Photo of my baby at first school arts festival.)

우리 아기는 엄마 아빠에겐
최고의 크리스마스 선물

산타 할아버지에게 선물을 받았어요

엄마 아빠는 네가 오래오래 산타 할아버지가 있다고 생각했으면 좋겠어.
비록 굴뚝이 없는 집이라 할지라도 산타 할아버지가 있다고 생각하는 순수한 마음만 네게 있다면
산타 할아버지는 매년 크리스마스에 없는 굴뚝을 만들어서라도 네게 선물을 주러 오실 거야.

• When :　　　　　　　　　• Where :

(Photo of my baby with a gift received by Santa Clause.)

색동옷을 입은 너는
우리가 아는 단 한 명의 베스트 드레서.

한복도 잘 어울리지요?

색동옷을 입은 너는 우리가 아는 단 한 명의 베스트 드레서.
불편하다고 곧 징징거릴 테지만 요렇게 작은 한복을 입었던 어릴 적 추억을 만들어주고 싶은 엄마의 마음을
언젠가는 이해해주리라 믿어.

• When : • Where :

(Photo of my baby wearing traditional clothes.)

너로 인해 엄마 아빠는 진정한 어른이 되었고,
너로 인해 엄마 아빠도 더불어 사랑받게 되었어.

고마워, 우리 아이로 태어나주어서……

엄마 아빠만큼 너를 사랑해주시는 분들이란다

너의 탄생과 성장을 축복해주시는 분들의 마음을 오래오래 간직해주렴. 잊지 말아주렴.
건강하게, 바르게 자라는 모습으로 그분들의 축복에 화답해 드리렴. 그리고 훗날 네가 어른이 되었을 때에도
네가 받은 그 사랑을 그보다 더 큰 사랑으로 세상에 전할 줄 아는 사람으로 자라주렴.

• When: • Where:

(Photo of people who love my baby.)

 엄마 아빠만큼 너를 사랑해주시는 분들이란다.

너로 인해 엄마 아빠는 진정한 어른이 되었고,
너로 인해 엄마 아빠도 더불어 사랑받게 되었어.
고마워, 우리 아이로 태어나주어서…….

• 소중한 분들의 사진으로 꾸며보세요. (Photo of people who love my baby.)

my baby's
Fashion Show

• 기억하고 싶은 우리 아이의 사진을 자유롭게 붙여주세요. (Put a photo of your baby which you'd like to remember.)

우리 가족이 함께했던 시간만으로도
충분히 행복했고, 충분히 멋진 날이었어.

우리 아이와 함께한 특별한 시간들 04
우리 가족이 함께했던 행복한 순간들

잎이 푸르러지는 시절처럼
너의 마음도 <u>푸르게 푸르게 숨 쉬는 시간</u>

꽃보다 예쁜 우리 아이 봄, 가을 여행

꽃이 피는 시절처럼, 너의 표정도 밝고 예쁘게 피는 시간.
잎이 푸르러지는 시절처럼 너의 마음도 푸르게 푸르게 숨 쉬는 시간.
너와 함께하는 이 편안한 시간들을 자연스럽게 남기고 싶은 엄마의 마음, 아빠의 마음.

• When :   • Where :

(Travel photo in the spring and the fall.)

너의 발 아래 물 보석이 반짝반짝

물방울 맺힌 너의 행복한 얼굴도 반짝반짝

바닷가, 수영장에서 튜브 타고 둥둥 (여름 여행 한 컷!)

네가 차가운 물속에 두 발을 담근 채 첨벙첨벙 발장난을 하면 물 보석들이 햇빛에 반짝이며 엄마에게 전해진단다.
그리고 그때 너의 얼굴에 머무는 행복한 표정에 엄마는 이 계절을 사랑하게 된단다. 물 보석을 만드는 이 여름을 말이야.

- When :
- Where :

(Travel photo in the summer.)

너의 마음처럼 하얀 겨울 나라.

손도 발도 꽁꽁 얼었지만
마음만은 무척 따뜻했던 여행이었어.

눈사람도 만들고 썰매도 타고 (겨울 여행 한 컷!)

추운 날씨가 주는 따뜻한 마음의 선물- 함박눈.
주먹만 하던 눈덩이가 어느새 동글동글 커다란 눈덩이가 되어 여덟 8자 눈사람이 되었어.
거기에 눈 코 입을 붙여주는 너를 바라보며 마치 네가 엄마의 얼굴에 눈 코 입을 달아주는 것만 같았지.
새로 보게 해주고, 새로 숨 쉬게 해주고, 새로 말하게 해준 그런 느낌으로 말이야.

• When :   • Where :

(Travel photo in the winter.)

동물원에 갔어요

엄마 아빠와 손을 잡고 동물원에 가면 책에서 보던 그림 속 친구들이 가득해서 네 눈이 초롱초롱 빛났고, 마치 숨은 그림을 발견한 듯 동물들의 이름을 부르며 좋아했단다.

- When :
- Where :

(Photo taken in the zoo.)

너와 함께 있는 곳은 어디든 즐거운 파티가 열리는 곳.
너와 함께라면 <u>365일 매일매일이 즐거운 파티</u> 같아.

_____와 함께한 즐거운 파티

이제는 친구들과 함께 어울리는 모습이 제법 의젓해졌어요. 내 것을 친구에게 양보할 줄도 알고, 친구들과 대화하며 저들끼리 통하는 눈빛을 주고받으면서 웃지요. 생일도 축하할 줄 알고, 작은 선물을 하면서 받는 기쁨만큼 주는 기쁨도 알게 되었어요.

• When :

• Where :

(Photo at the fun party.)

_____ 와 함께한 즐거운 파티

너와 함께 있는 곳은 어디든 즐거운 파티가 열리는 곳.
너와 함께라면 365일 매일매일이 즐거운 파티 같아.

• 행복했던 파티 사진들로 꾸며보세요. (Photo at the fun party.)

너의 존재로 인해 엄마의 인생이, 아빠의 인생이
한 번 더 행복하고 한 번 더 소중하다고,
그래서 감사하다고 느끼는 날들.

가족과 함께한 행복 여행

너의 존재로 인해 엄마의 인생이, 아빠의 인생이 한 번 더 행복하고 한 번 더 소중하다고, 그래서 감사하다고 느끼는 날들.
너를 사랑하는 것으로 우리에게 세상은 충분히 아름답고 건강한 삶의 이유란다.
너를 바라보는 것으로 우리에게 세상은 힘내서 착하고 옳고 바르게 살아야 할 이유란다.
너를 감싸안는 것으로 우리에게 세상은 아직도 따뜻하고 점점 더 따뜻할 아름다운 곳이란다.

• When: • Where:

(Travel photo with family.)

 가족과 함께한 행복 여행

너의 존재로 인해 엄마의 인생이 아빠의 인생이
한 번 더 행복하고 한 번 더 소중하다고,
그래서 감사하다고 느끼는 날들.

• 가족과 함께했던 여행 사진으로 꾸며보세요. (Travel photo with family.)

사진으로 꾸미는 우리 아이 성장북, 포토 키즈북 : 첫 돌부터 만 4세까지

사진·글 | 김효정 (밤삼킨별) **펴낸이** | 김종길
펴낸곳 | 인디고 **출판등록** | 제7-312호 **주소** | (132-898) 서울시 도봉구 창4동 9번지 한국빌딩 7층 **전화** | 02-908-4660 (대표) **팩스** | 02-995-7924
이메일 | bookmaster@geuldam.com **개정2판 1쇄 인쇄** | 2012년 6월 15일 **개정2판 1쇄 발행** | 2012년 7월 1일

ISBN 978-89-92632-57-7 13810
www.indigostory.co.kr